Inhalt

Die Glücksvögel	8
300 000 Kraniche	10
Heimzug bei Eis und Schnee	12
So sieht ein Kranich aus	14
Trompetende Verständigung	16
Kranichballett – der Balztanz	18
Wo sich Kraniche wohlfühlen	20
Eine Wiege im Wasser	22
Brutzeit	23
Küken für Familie Kranich	24
Junge werden geführt	26
Schon fast erwachsen	28
Was fressen Kraniche	30
Gefiederpflege	32
Es gibt auch Streit	34
Ruhe am Schlafplatz	36
Auf in den Süden	38
Überwinterungsgebiete	40
Andere Kraniche	44

© Verlag Heiderose Fischer-Nagel,
Brunnenstraße 7, D-34286 Spangenberg
Tel.: 05663-280, Fax: 05663-6562
E-Mail: fischer-nagel@t-online.de, URL: www.fischer-nagel.de
Alle Rechte, auch die Bearbeitung oder auszugsweisen Vervielfältigung
gleich durch welche Medien, vorbehalten.

Fotos: *Dieter Damschen*
bis auf: S. 8 l. aegyptische studiensammlung; S. 8 o.r. Shen Quan; S. 8 M.r. Tacuium sanitatis v.a. 14.Jh.;
S. 9 o. Nuremberg chronicals; S. 9 M.l. Wappen Kransberg; S. 9 u.l. Krane-Wappen; S. 9 r. Lufthansa;
S. 24-25 Arco/ S.24 r. + 25 o. NPL-Jorma Lutha; S. 24 l NPL-Nick Upton; S. 25 u.l. M. Schulte; S. 25 u.r. C. Hütter;
S. 44 o.l., 45 beide Spaceaero2; 44 u.l. Matthew Field; S. 44 o.r. AFN; S. 44 u.r. Klaus Nigge
Druck: INTERAK, Czarnków, Poland

ISBN 978-3-930038-49-7

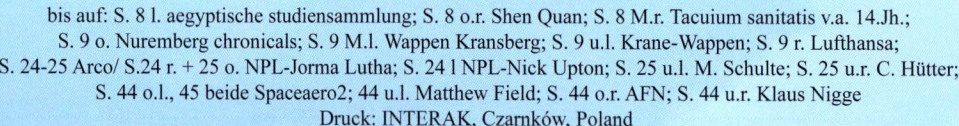

Heiderose und Andreas Fischer-Nagel
Dieter Damschen

Die Reise der Kraniche

Verlag Heiderose Fischer-Nagel

Laut trompetend fliegen hunderte riesiger Vögel über uns hinweg. Es sind »Graue« oder auch »Eurasische Kraniche«, unsere größten einheimischen Vögel.

Kraniche sind so groß, dass wir sie hoch im Himmel mit bloßem Auge erkennen können. Ihre Hälse sind langgestreckt, die Flügelspannweite gewaltig und sie fliegen überwiegend in einem V-förmigen Keil oder einer schrägen Linie. Sie können im Nonstop-Flug 2000 Kilometer

weit fliegen, reisen aber lieber in Etappen von bis zu 100 Kilometern mit einer Reisegeschwindigkeit von 45 bis 65 km/h.
Zweimal im Jahr führt ihre Reise über uns hinweg, im Herbst und im Frühling. Sie nutzen ihre Rastplätze in Norddeutschland und an der Ostseeküste in Mecklenburg-Vorpommern und versammeln sich dort zu Zehntausenden.
An manchen Rastplätzen sind es gelegentlich sogar über hunderttausend!
Kraniche gibt es nicht nur bei uns. In vielen Ländern nennt man sie
»die Vögel des Glücks«.

Die Glücksvögel

Seit Jahrtausenden fasziniert das trompetende Rufen der Kraniche die Menschen auf der Welt. Der keltische Gott Ogma erfand sogar eine Schrift, das keltische Baumalphabet, nachdem er den Flug der Kraniche beobachtet hatte.
In Ägypten findest du Bilder des Kranichs in zahlreichen Tempeln, eingeritzt in Platten und Wänden, denn in Teilen des Landes, am Nil, überwintert der majestätische Vogel.

In China gilt er heute noch als Himmelsbote, als Symbol für Weisheit und langes Leben. So auch in Japan, wo die Menschen aus buntem Papier Origami-Kraniche falten.

In altdeutschen Schriften wird oft vom »Vogelfang« oder der »Vogeljagd« berichtet. Wie man auf diesem Bild sieht, waren damit auch Kraniche gemeint.

Die herrlichen, grauen Vögel begegnen dir sogar in Märchen und Fabeln, hier z.B. in der Fabel vom Pfau und dem Kranich.

Auch auf einigen sehr alten deutschen Münzen kann man den Kranich finden, wie auf dieser von 1718. Bei den Griechen

kämpften der Sage nach die Kraniche gegen das Volk der Pygmäen.  Aber Kraniche waren auch Vögel der Götter Hermes, Demeter und Apollon, sie galten als klug und wachsam.

Die Bezeichnung »Glücksvogel« ist aber eher Schweden zuzuordnen, denn die Menschen dort erleben eine lange Winterszeit und warten sehnsüchtig auf das Frühjahr und die Wärme. Sobald die Kraniche zu ihnen aus ihren Winterquartieren zurückkommen, sind sie glücklich, denn dieser Vogel bringt ihnen das Frühjahr mit Licht und Sonne mit. Außerdem ist er auch hier das Sinnbild der Treue und eines langen Lebens.

Bei uns trägt manch ein Ort den Kranich im Namen oder Wappen.

Und auch das Wappen einiger alter Adelsfamilien wird vom Kranich geschmückt.

Und wir? Den Kopf im Genick schauen wir beeindruckt zum Himmel empor und staunen über die Massen von Vögeln. „Die Schneegänse kommen!", rufen viele Leute, weil sie nicht wissen, dass diese Vögel »Kraniche« heißen. Sie haben ihnen aber diesen Namen auch gegeben, weil ihr Kommen den Beginn und das Ende der kalten Jahreszeit einläuten. Der Graue Kranich ist unser größter Zugvogel. So wie Storch, Kuckuck, Schwalben und zahlreiche andere Vogelarten findet er im Winter in unseren Breiten nicht genug zu fressen und überwintert im Süden.

Heute gibt es wieder hunderttausende der majestätischen Vögel. Das war nicht immer so. Den Schutzmaßnahmen von NABU und WWF, der Unterstützung bekannter Firmen, wie z.B. der Lufthansa, die das Kranichsymbol auf jedem Flugzeug trägt, ist es zu verdanken, dass es wieder so viele von ihnen gibt.

Wichtig ist der Erhalt ihrer Lebensräume, denn allein die zahlreichen Schornsteine, Windräder und Hochspannungsleitungen sind tödliche Hindernisse.
Aber wer von euch weiß schon, wie der Kranich lebt, der so hoch über uns hinwegfliegt?

300 000 Kraniche!

Der Kranich ist fast über die ganze Erde verbreitet, mit Ausnahme von Südamerika und der Antarktis. Es gibt insgesamt 15 verschiedene Arten.

Durch die Wiederherstellung der Feuchtgebiete ist der bei uns vorkommende Graue Kranich nicht mehr vom Aussterben bedroht. Im Gegenteil: Durch die Schutzmaßnahmen gibt es bei uns in Westeuropa wieder ungefähr 300 000 Tiere!
Einige wenige von ihnen kommen in England, Frankreich, den Niederlanden und der Türkei vor.
Während sie vom Frühling bis zum Herbst bei uns leben und ihre Jungen großziehen, verbringen diese Kraniche den Winter in Frankreich, Spanien und Nordafrika.
Die in China lebenden Vögel haben ihre Winterquartiere im Süden Chinas, Indien und Pakistan.

Weniger Kraniche leben in Russland, Sibirien und vor allem im Balkan, Ägypten und Äthiopien. Ihre Zahl ist auf einige hundert Tiere geschrumpft. Bald wird es dort gar keine mehr geben, denn weite Gebiete wurden nahezu entwässert. Durch die Anlage riesiger Foliengewächshäuser, in denen Rosen und andere Blumen für den Verkauf bei uns gezüchtet werden, wird viel Wasser in dieser Form der Landwirtschaft benötigt. Die Lebensräume und die Nahrungsgrundlage der Kraniche und vieler anderer Tiere sind damit zerstört.

Heimzug bei Eis und Schnee

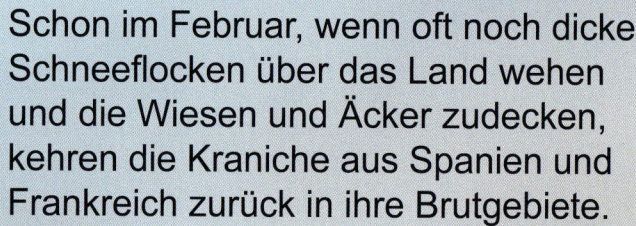

Schon im Februar, wenn oft noch dicke Schneeflocken über das Land wehen und die Wiesen und Äcker zudecken, kehren die Kraniche aus Spanien und Frankreich zurück in ihre Brutgebiete.

Ein Kranichschwarm nach dem anderen trifft in den Rastgebieten bei uns und später in Skandinavien ein.

Flache Seen und Teiche sind es, in denen sie geschützt vor Feinden die Nächte verbringen.
Sobald der Morgen graut und die Sonne aufgeht, erwachen sie und begrüßen

laut trompetend den Tag. Die Tiere verständigen sich durch verschiedene Lautrufe, sie »sprechen« sich ab, um das Nachtquartier zu verlassen. Auf einmal strecken sie Kopf und Hals etwas gebogen in die Flugrichtung. Dann ertönen die Stimmsignale wie im Chor. Ein paar schnelle Schritte mit den langen Beinen durchs flache Wasser... und die Kraniche erheben sich in die Luft.

Im Nu erfüllt ein tosendes Rauschen die Luft. Tausende Vögel beginnen gleichzeitig, mit den Flügeln zu schlagen, sich in die Luft zu erheben und sogleich eine gerade lange Linie oder den berühmten V-förmigen Keil zu bilden. Auf geht es zu den Nahrungsgebieten, zu Wiesen und Feldern in der unmittelbaren Umgebung.

Mit ihnen erwachen ebenfalls tausende Graugänse. Kraniche und Gänse am Himmel lassen sich leicht unterscheiden, denn Kraniche sind deutlich größer als Gänse und sie strecken ihre langen Beine gerade nach hinten.

So sieht der Kranich aus

Der Graue Kranich ist nicht nur schön sondern auch imposant. Er ist mit einer Körperhöhe von 1,20 Meter der größte bei uns vorkommende Vogel. Seine Flügelspannweite beträgt 2,20 Meter, kein Wunder, dass wir ihn mit bloßem Auge hoch am Himmel gut erkennen können.

Der ungefähr sechs bis sieben Kilogramm schwere graue Vogel, der an Hals, Rücken und Flügeln etwas braun gezeichnet ist, hat vor allem einen auffallenden Kopf. Die Stirn und der vordere Hals sind schwarz, vom Auge zieht sich ein weißer Streifen erst seitlich, dann hinten den Hals hinunter, der federlose Scheitel ist leuchtend rot. Beim genauen Betrachten dieses Scheitels kannst du sehen, dass er mit lauter kleinen Höckern roter Haut bedeckt ist (Bild rechts oben). Mit seinem spitzen, gelbgrünen Schnabel sucht er in den Äckern nach Nahrung. Sobald er seine mächtigen Flügel ausbreitet, erkennt man sein einzigartiges Gefieder, denn über den kurzen Schwanz hinaus liegen Schmuckfedern, sichelförmige, gekräuselte, verlängerte Handschwingen, die wie eine fedrige Schleppe sein bekanntestes Merkmal bilden.

Sein Gang unterscheidet sich von vielen anderen Vögeln. Kraniche sind Schreitvögel, ebenso wie Storch und Graureiher, die jedoch nicht mit ihm verwandt sind.

Bei den Kranichen sind die Männchen nicht von den Weibchen zu unterscheiden. Nur wenn die Partner nebeneinander stehen, erkennst du, dass das Männchen etwas größer und schwerer ist.

Trompetende Verständigung

Während die Kraniche Skaninaviens und Osteuropas noch auf der Rückreise aus ihren Winterquartieren sind, beginnen unsere mitten im Schnee schon mit der Balz.

Die jungen Kraniche des Vorjahres sind noch nicht so stimmgewaltig wie die Altvögel, deren langgezogener, schmetternder Balzruf „Gurruh" nun überall ertönt. Von den Jungen ist zuweilen auch noch ein kükentypisches Piepen und Trillern, ein „Wiwiwi", zu hören.

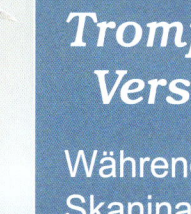

Sie suchen unter den Gleichaltrigen nach einem passenden Partner.
Haben sie ihn gefunden, macht sich das »frisch verlobte Paar« sogar schon auf die Suche nach einem Brutplatz, ohne dass es zur Paarung kommt. Erst mit drei Jahren sind die Kraniche geschlechtsreif und können befruchtete Eier legen, aus denen Junge schlüpfen.
Ein Kranichpaar bleibt ein Leben lang zusammen, es sei denn, ein Partner verunglückt. Das sind viele Jahre, denn Kraniche können in freier Wildbahn 20, ja sogar manchmal über 30 Jahre alt werden.

Heimzug sind und sie zum Teil noch große Entfernungen von ihren Brutplätzen trennen, beginnen sie zu tanzen. Einige haben sich von der Gruppe abgesondert, bei ihnen ist heute alles etwas anders. Sie sind unruhig, rufen und beginnen mit den Flügeln zu schlagen.
Wir beobachten ein Männchen, wie es in aufrechter Haltung mit steifen Beinen um sein Weibchen herumstolziert. Es ist der

Kranichballett – der Balztanz

Es ist Ende Februar / Anfang März, Zeit der Paarung. Sobald der Morgen graut, kommt Leben in den Schlafplatz. Ein Schwarm nach dem anderen erhebt sich, um zu den Nahrungsplätzen auf Feldern und Wiesen zu fliegen.
Mit ihren spitzen Schnäbeln picken sie Käfer und Würmer auf, Pflanzenteile und Samen. Obwohl viele noch auf dem

sogenannte Paarungsmarsch. Auge in Auge stehen sich die Partner gegenüber. Dann verbeugt sich das Männchen. Im Nu schwillt seine rote Kopfplatte an. Beide strecken nun ihren Kopf nach oben, neigen den Hals nach hinten und stoßen trompetede Laute aus, die wie ein Duett aus hohen und tiefen Tönen klingen.

Weibchen zu tanzen. Die beiden Tiere wirbeln umeinander, schlagen aufgeregt mit ihren Flügeln, laufen im Zickzack hin und her und zeigen damit ihre große innere Erregung. Auf einmal bleibt das Weibchen stehen. Es breitet seine Flügel aus, als ob es auf einem Seil balancieren wollte, und streckt den Hals waagerecht nach vorn. Das Männchen springt auf und begattet es.

Die Rufe dieser Tiere ist weithin zu hören. Dann umrundet er eilig sein Weibchen und beginnt tatsächlich zu tanzen, den berühmten Hochzeitstanz der Kraniche.

Das Männchen springt mit ausgebreiteten Flügel in die Luft, wirft Steine und Pflanzenteile hoch wie leichtes Konfetti. „Lass uns ein Nest bauen!", scheint das zu heißen. Nun beginnt auch das

Dabei schlägt es mit den Flügeln, um das Gleichgewicht zu halten. Das dauert nur wenige Sekunden. Dann springt das Männchen nach vorne hin ab. Beide stoßen schmetternde, aneinandergereihte Laute aus, putzen sich und ordnen ihr Gefieder.

Wo sich Kraniche wohlfühlen

Der Kranich braucht flache Gewässer. Er verbringt die Nacht auf einem Bein stehend im Wasser, um sicher vor Feinden zu sein. Deshalb bevorzugt er feuchte Wiesen, Sümpfe, Moore und die weite Boddenlandschaft an der Ostseeküste. Im Revier muss es genügend Nahrung geben, die sie auf den angrenzenden Wiesen und Feldern suchen.

Leider wurden vor 50 bis 60 Jahren viele Flüsse begradigt, ganze Regionen trockengelegt und aufgeforstet. Straßen zerschnitten die einst so weitläufige und abwechslungsreiche Landschaft.
Das alles führte dazu, dass der Kranich fast ausgestorben war, zumal er schon vor 200 Jahren gejagt und vertrieben wurde, weil er die Saat aus den Feldern fraß. Das ständige Aufgescheuchtwerden kostete die Kraniche viel Energie.

Heute sind die Menschen schlauer und haben sich bemüht, diese wertvollen Gebiete zu »renaturieren«, das heißt, dass die ursprüngliche Landschaft wieder hergestellt wird. Das ist ein langer Prozess. Die zerstörten Bereiche wurden wieder in Feuchtgebiete verwandelt, um tier- und artenreiche Lebensräume zu schaffen. Man kam auf die gute Idee, Futterfelder für die Kraniche einzurichten, auf denen sie in Ruhe nach Nahrung suchen können und von den landwirtschaftlichen Erwerbsflächen abgelenkt werden. Seitdem haben sich die Vögel wieder vermehrt und wir haben ein paar tausend Brutpaare in Deutschland.
All das ist den Naturschützern zu verdanken, die sich bemühen unsere Erde zu erhalten.

Eine Wiege im Wasser

Drei bis sechs Wochen nach ihrer Ankunft im Brutgebiet hat der Hochzeitstanz stattgefunden. Unmittelbar danach beginnt das Kranichpaar mit dem Nestbau. In den Feuchtgebieten finden sie geeignete Pflanzen: Riedgräser, Röhricht, Schilf und Binsen, die sie mit dem Schnabel abreißen und dann auf schwankendem Boden, mitten im Wasser, eine Insel mit einem Durchmesser von einem Meter bauen. Das Nest liegt nur wenige Zentimeter über dem Wasserspiegel, sodass es ganz schön mühsam ist, das Nistmaterial an Ort und Stelle zu schaffen. Sie suchen deshalb in unmittelbarer Nähe des Nestes nach Material, werfen es mit dem Schnabel schon mal Richtung Nest, schieben und schubsen die Pflanzenteile in Position, bis es fertig ist.

Brutzeit

Die bei uns brütenden Kraniche beginnen Ende März und Anfang April mit der Eiablage.
Innerhalb von zwei bis drei Tagen legt das Weibchen zwei graugrüne oder hellbräunliche, schwach gefleckte Eier in das Nest, von denen jedes einzelne ungefähr 190 Gramm wiegt.

Die Kranicheltern brüten abwechselnd. In dieser Zeit sind sie besonders wachsam. Doch leider stören nicht nur Feinde die Entwicklung der Eier. Regen, große Hitze, Kälte und Störungen führen zu Verlusten. Immer wieder reparieren die Eltern zwischendurch mit mitgebrachten Pflanzenteilen das Nest.

Küken für Familie Kranich

Endlich, nach 29 bis 31 Tagen hörst du ein leises Piepen aus dem Ei, dann ein Klopfen aus dem Inneren. Schließlich kannst du beobachten, wie das kleine Küken von innen ein Loch in die Eischale pickt.

Es bilden sich Risse, bis das Ei schließlich zerbricht und der kleine Kranich schlüpft. Sein puscheliges, weiches Dunengefieder ist rostbraun gefärbt. Die perfekte Tarnfarbe! Dennoch heißt es für die Eltern: „Aufgepasst!" Viele Feinde, wie Greifvögel, Fuchs und Marder, lauern in der Umgebung des Nestes. Größte Gefahr besteht, wenn auf Grund großer Trockenheit der Wasserspiegel rund ums Nest bis auf wenige Zentimeter fällt. Zudem sind die Kranichküken recht unternehmungslustig und watscheln sogleich auf dem Nest herum. Sie können sofort schwimmen.

Die Altvögel bleiben abwechselnd fast 24 Stunden lang am Nest, denn erst dann können die kleinen Glücksvögel sicher auf ihren Beinen stehen. Nach weiteren sechs Stunden folgen sie ihren Eltern bereits. Kraniche sind Nestflüchter. Sie müssen nicht wie »Nesthocker«, Junge vieler anderer Vogelarten, wochenlang im Nest versorgt werden. Die Eltern sind mehr als wachsam, jeder Besucher würde sofort angegriffen werden.

Sind es zwei Kranichkinder, so streiten sie zunächst oft. Das kräftigere Küken versucht in der ersten Zeit, das schwächere aus dem Nest zu stoßen und bearbeitet es mit dem Schnabel. Das ist vor allem der Futterneid.
Können die Eltern genügend Futter für beide heranschaffen, kräftigt sich das kleinere bald und beide wachsen heran. In Jahren mit wenig Nahrung wird das kleinere Junge sterben.

Junge werden geführt

Sobald sie größer sind, benehmen sich die Küken! Die Eltern füttern ihre Jungen mit kleinen Fischen, Fröschen, Würmern, Insekten und Wurzeln. Ununterbrochen sind die hungrigen, kleinen Schnäbel zu stopfen.

Sobald die Jungen kräftig genug sind, werden sie von den Eltern tagsüber vom Nest weggeführt. Dies müssen sie oft schwimmend verlassen, bis sie in den angrenzenden Wiesen oder im Wald wieder Grund unter den Füßen finden. Dort suchen die Jungen eifrig selbst nach Nahrung, werden aber auch ständig von den Eltern versorgt.

Zur Nachtruhe kehrt die Kranichfamilie zu ihrem Nest oder einem extra errichteten Schlafnest im Wasser zurück. Dort sind sie vor Beutegreifern wie Füchsen sicherer.

Schon fast erwachsen

Schon nach zehn Wochen sind die jungen Kraniche flugfähig und begleiten ihre Eltern zur Nahrungssuche. Ihr Federkleid ist dem der Eltern fast gleich. Nur an der Kopf- und Halsbefiederung kannst du sie noch leicht von diesen unterscheiden: Der Hals ist zunächst auch graubraun und nicht schwarz und es fehlt ihnen die schwarz-weiße Kopfzeichnung sowie die rote Kopfplatte. Diese ist noch rostbraun befiedert. Sie sind fast so groß wie ihre Eltern. Die Jungvögel suchen inzwischen selbst Nahrung, bekommen aber ab und zu von den Eltern einen besonderen Leckerbissen, wie zum Beispiel eine Maus, gebracht.

Was fressen Kraniche?

Wie viele große Vögel fressen Kraniche Würmer und Käfer, Mäuse, Insekten, Pflanzensamen, Gräser, Kräuter und Ernteeste, wie Mais, Getreide, Erbsen, Bohnen und Kartoffeln. An den großen Rastplätzen werden heute Mais- und Kartoffelfelder, die abgeerntet wurden, eine Zeitlang nicht bearbeitet, damit die Vögel diese Ablenkungsfutterstellen nutzen und nicht die neue Saat aus dem Boden picken.

Die jungen und fast schon selbstständigen Kraniche halten sich bei der Nahrungssuche meist in der Nähe ihrer Eltern auf, wobei sie nur noch ab und zu ein Körnchen – wie in der Bildreihe unten zu sehen ist – gereicht bekommen.

Abgerntete Maisfelder sind während des Herbstzuges besonders beliebt. Mais ist sehr energiereich und bleibt oft in großer Menge auf den Feldern zurück.

Meist ist es das Männchen, das sich um die Fütterung der Jungen kümmert, Das Weibchen sorgt sich verstärkt um die Sicherheit. Es beobachtet die Umgebung und vertreibt, wenn nötig, kleinere Feinde.

Gefiederpflege

Jedem Tanz und Streit folgt das gründliche Pflegen des Gefieders. Vögel, die im Wasser leben, müssen sehr darauf achten, dass ihr Körper nicht nass wird und das Wasser an den Federn abperlt. Sie haben eine Drüse über der Schwanzwurzel, aus der sie mit dem Schnabel ein Sekret entnehmen, mit dem sie die Federn »einfetten« können.

Es gibt auch Streit

Wie bei den Menschen: Wo viele beieinander sind, und seien sie allein auch noch so friedlich, gibt es einmal Streit! Fühlt sich einer bedrängt oder gestört, werden dem Gegner Drohgesten gezeigt. Der Kranich legt seine Federn an und streckt seinen Hals. Ganz nah stehen sich Streithähne bewegungslos gegenüber und bedrohen sich mit den Schnäbeln. Deutlich ist die geschwollene rote Kopfplatte zu sehen, wie ein Warnsignal. Schließlich breiten sie die Schwingen aus, stolzieren weiter aufeinander zu und springen in die Luft. Doch anders als erwartet bekämpfen sie sich nicht mit den Schnäbeln, sondern mit ihren langen Beinen. Blitzschnell treten sie einander, bis der Schwächere den Rückzug antritt. Manchmal verfolgt der Sieger den Verlierer noch ein Stück.

So plötzlich, wie der Streit begann, ist wieder Frieden und sie fangen an, gemeinsam zu trompeten.

Ruhe am Schlafplatz

Am Ende des Tages fliegen Jung und Alt zum Schlafplatz. In den flachen Gewässern schlafen sie auf einem Bein stehend und sind recht sicher vor Feinden. Dachse, Füchse oder Wildschweine können ihnen so nicht zu nahe kommen.

Bei Einbruch der Dunkelheit haben sie sich durch Signale über das Zurückkehren zum Schlafplatz verständigt. Wie auf Kommando erheben sich die großen Vögel nach kurzem Anlauf in die Luft. Lang gestreckt sind Hals und Beine, woran du sie gut erkennen kannst.

Ein Schwarm nach dem anderen zieht nun über den Himmel.
Kurz vor der Landung geben sie ihre langestreckte Haltung auf. Die Beine werden wie die Fahrwerke eines Flugzeugs in Richtung Boden gestreckt, die Kraniche schweben herab und trudeln wie Fallschirmspringer zu ihrem Platz.

Zu Tausenden stehen sie in den flachen Gewässern, gemeinsam mit Gänsen, die auf dem Wasser dümpeln, und Staren, die in das dichte Schilf geflogen sind. Es ist ein Trompeten, Schnattern und Zwitschern, das selbst bei Dunkelheit nicht vollständig erlischt.

Auf in den Süden

Mitte Oktober beginnt der Vogelzug. Die Vögel, die bei uns im Winter nicht genügend Nahrung finden, fliegen nach Süden. So auch die Kraniche. Schon Tage vorher bemerkt man große Unruhe unter den Vögeln. Sie trompeten mehr als sonst, fliegen auf, landen wieder. Plötzlich fliegen sie hoch. Gerade ausgerichtet nach Süden oder in einem V-för-

migen Keil geht es im ruhigen Flug nach Spanien oder in andere Überwinterungsgebiete.
Die Kraniche fliegen in Gruppen, manchmal sind es Familien, manchmal Gruppen, die nur aus Paaren bestehen. Während ihres Fluges rufen sie ständig,

um den Kontakt untereinander nicht zu verlieren. Wir hören ihr Kommen schon von Weitem, sehen manchmal nur kleine graue Punkte am Horizont, bis sie schließlich über uns hinwegziehen. Selbst wenn du sie jedes Jahr beobachtest, bleibt es eines der faszinierendsten Naturschauspiele. Bei Nacht, Nebel und schlechtem Wetter ist das ständige Rufen besonders wichtig, denn kein Mitreisender darf verloren gehen. Nur in der Gruppe hat er Schutz beim Rasten.
Die Form ihres Flugbildes, die Reihe oder der Keil, ermöglicht einen Flug mit einem deutlich verringerten Luftwiderstand, das spart Energie. Du kannst beobachten, wie sich die Spitze regelmäßig abwechselt, denn »vorn« zu fliegen und die Gruppe zu führen ist besonders anstrengend. So hat jeder Vogel seinen Platz in der Reihe!

In den spanischen Wäldern aus Stein- und Korkeichen finden sie genügend Raum und Nahrung, nämlich die sehr nährstoffreichen Eicheln dieser Bäume. Hier bleiben sie, bis der Frühling naht und sie getrieben von ihrer inneren Uhr wieder zu uns zurückkehren, um in den Brutgebieten für Nachwuchs zu sorgen.

Überwinterungsgebiete

Als Rast- und Überwinterungsgebiet hat Spanien für unsere Kraniche eine besondere Bedeutung.

Schon kurz nach der anstrengenden Überquerung der Pyrenäen finden sie in einem der größten, auf fast 1 000 Meter über dem Meeresspiegel gelegenen See, dem »Laguna de Gallocanta«, ein willkommenes Rastgebiet. Einige 1 000 von ihnen wählen seit ein paar Jahren diese Region auch zu ihrem Überwin-

terungsplatz und sparen sich damit den Weiterflug bis nach Südspanien. Als Nahrung dienen ihnen hier die Erntereste auf den Mais- und Sonnenblumenfeldern der Umgebung.
Wird es ihnen in Nächten mit bis zu minus 15 Grad Celsius aber über längere Zeit zu kalt, reisen sie doch weiter.

Die südlichen Wälder aus Stein- und Korkeichen bieten den Kranichen eine nahrhafte Eichelkost. Besonders an den Flussläufen des Rio Tajo, Guadiana und Zujur gibt es kleine Seen und Feuchtgebiete, in denen sie geeignete Schlafplätze finden.

Hier ist der Winter mild, nur selten fegen Sturm und Regen über das Land. Zwischen den berühmten, schwarzen Stieren, zahlreichen anderen Rindern, ebenfalls Eicheln fressenden iberischen Schweinen sowie kleinen und größeren Zugvögeln wachsen die jungen Kraniche heran.

Langsam färbt sich ihre Kopfplatte. Noch bleiben die Familien zusammen, bis der Frühling naht und sie, getrieben von ihrer inneren Uhr, wieder zu uns zurückkehren, um sich zu vermehren.

Andere Kraniche

Im fernen Sibirien und in Teilen der Mongolei ist der **Mönchskranich** *(oben)* zu Hause.
Er verbringt den Winter in Japan, wo er auch unter Schutz steht. Da es nur noch ungefähr 10 000 Mönchskraniche gibt, gilt die Art als stark gefährdet. Die Tiere ernähren sich überwiegend pflanzlich von Beeren, Samen und Keimen, Zweigen, Wollgras und einigen Fröschen.

Der kleinste Kranich ist der **Jungfernkranich** *(unten)*, denn er erreicht nur eine Körperhöhe von 85 bis 100 Zentimetern. Er bewohnt Halbwüsten, Steppen und Hochebenen. Das Besondere an ihm ist, dass er als einziger Zugvogel das Himalya-Gebirge mit dem höchsten Berg der Welt, dem Mount Everest, überquert. Er fliegt also in über 8 000 Metern Höhe!

Der seltenste Kranich der Welt ist der **Schreikranich** (unten). Seine Population war schon auf weniger als 15 Exemplare geschrumpft. Weil man ihn dann unter Schutz stellte, konnte er sich bis heute auf immerhin 400 Vögel vermehren. Schreikraniche leben in Amerika und werden bis 1,60 Meter groß.

Der schöne **Kronenkranich** (links) lebt in Süd- und Ostafrika. Er vollführt ganz ähnliche Tänze wie unser Grauer Kranich. Diese Tänze wurden zum Vorbild vieler Volkstänze, zum Beispiel bei den Watusi in Zaire, und drücken immer die Liebe und das Finden eines Partners aus.
Kronenkraniche sind etwas kleiner und leichter als unsere Kraniche. Es sind Standvögel, leben also immer am gleichen Ort und paaren sich stets zum Beginn der Regenzeit.

Weißnackenkraniche (unten) gehören mit einer Körperhöhe von 1,40 Meter zu den größten Kranichen. Wegen der weißen Färbung im Nacken erhielt er seinen Namen, obwohl er auch eine sehr auffällig rote Zeichnung rund um die Augen hat.

Der **Mandschurenkranich** (oben) ist mit 1,50 Meter sehr groß.
Bis zu 10 Kilogramm kann er wiegen. Leider gibt es von ihm nur noch knapp 2 000 Exemplare. Die meisten davon leben in China, einige wenige in Japan und Korea. In der südkoreanischen Stadt Pusan tanzen Männer in weißen Gewändern und schwarzen Hüten traditionell den Kranichtanz. Mit ihren Bewegungen ahmen sie den Hochzeitstanz dieses Kranichs nach.

Unsere weiteren Fotosachbücher: brillant, informativ,

978-3-930038-45-9   978-3-930038-13-8   978-3-930038-24-4   978-3-930038-17-6   978-3-930038-27-5

978-3-930038-15-2   978-3-930038-04-6   978-3-930038-14-5   978-3-930038-07-7   978-3-930038-38-1

978-3-930038-23-7   978-3-930038-25-1   978-3-930038-10-7   978-3-930038-46-6   978-3-930038-47-3

978-3-930038-02-2   978-3-930038-34-3   978-3-930038-36-7   978-3-930038-35-0   978-3-930038-37-4

In Ihrer Buchhandlung oder Verlag Heiderose Fischer-Nagel, Brunnenstraße 7, D-34286 Spangenberg-